Camomille

Charmes et Songes Apeurés

FSC
www.fsc.org
MIXTE
Papier issu
de sources
responsables
Paper from
responsible sources
FSC® C105338

Edition : BoD - Books on Demand
12/14 rond-point des Champs Elysées, 75008 Paris
Imprimé par Books on Demand GmbH, Norderstedt, Allemagne
ISBN : 9782322084005
Dépôt légal : février 2018

« L'Angoisse atroce, despotique, sur mon crâne incliné

plante son drapeau noir. »

– Charles Baudelaire, 1857

Préambule

Hypersensible, très anxieuse, créative, rêveuse et nostalgique, tels sont les mots qui me définissent dans les 16 premières années de ma vie. Ayant toujours été très touche-à-tout d'un point de vue artistique et littéraire, j'ai commencé à écrire des poèmes à l'âge de 11 ans. D'abord par simple envie de le faire, envie d'essayer, d'expérimenter ; et puis, l'écriture poétique s'est révélée être ma principale activité artistique, en devenant un défouloir, un moyen de dire avec des rimes ce que je n'arrive pas à exprimer en prose.

Ce premier recueil sera composé de 71 poèmes se suivant dans l'ordre chronologique mais toutefois distincts par quatre « catégories » :

La première, *Apeurés*, comportera les poèmes les plus personnels que j'ai écris, ceux qui naissent tout droit de mon vécu et de mes ressentis.

La seconde catégorie sera uniquement constituée de poèmes n'ayant pas de réel sens, et, surtout, n'étant pas inspirés par ma vie ou mon expérience, d'où son nom *Inspirations*, car ces poèmes sortiront tout droit de l'imaginaire, du rêve, de l'envie pure et simple. La plupart du temps, ceux-ci seront des poèmes n'ayant jamais été achevés.

La troisième catégorie parlera du *Monde*, ou plutôt de la vision que j'ai de celui-ci. Ayant depuis ma plus petite enfance une conscience aiguë des choses et une sensibilité presque handicapante à la souffrance des autres et à celle de l'écosystème, j'ai toujours été engagée dans ce que je faisais. À 8 ans, par exemple, je faisais signer des pétitions dans la cour de récréation pour que les gens promettent d'arrêter de polluer ; et à 10 ans, j'écrivais un journal « Planète Écologie » que je faisais imprimer par les animateurs de la cantine et distribuais dans mon école. Quand j'ai commencé à écrire des poèmes, il était évident que j'en écrirais des engagés.

Enfin, la quatrième et dernière catégorie de ce premier recueil sera dédiée aux poèmes écrits pour le court-métrage *Le Béret* que j'ai réalisé avec des amis pour le Concours National de la Résistance et de la Déportation de l'année 2015-2016, ayant pour thème « Résister par l'Art et la Littérature », narrant l'histoire d'une bande de jeunes d'un village alsacien en 1944 qui décide de créer un journal clandestin pour résister au nazisme. Ils alimentent ce journal avec leurs propres créations artistiques, dont des poèmes que vous pourrez donc lire dans ce recueil.

Pour finir cette introduction, je tiens à remercier toutes les personnes qui suivent mes activités artistiques sur les réseaux sociaux et me soutiennent dans ce que je fais. Cela m'est d'une grande aide pour continuer et ne pas tout lâcher sous le poids exercé par mes problèmes personnels.

Bonne lecture,

Camomille.

« Le Temps est Arrêté »

Inspirations

15/03/2011

C'est comme si je vis,
C'est comme si je meurs,
C'est comme si je pleure.

Je ne peux plus vivre,
Je ne peux plus grandir,
Je ne peux plus vieillir,
Je ne peux plus mourir.

Je ne peux plus rien
Car le temps est arrêté,
Mais je trouve ça plutôt bien
Car la planète Terre qui soupire
Va bientôt finir de souffrir.

« Vive »
Inspirations

15/03/2011

Vive la terre,
Vive la mer,
Vive le vent
Soufflant sur les océans,
Me rappelant le moment
Où je n'étais qu'une petite enfant.

Vive le silence,
Partant en avance,
Je ne suis pas la cadence.

Vive l'écologie,
Je l'aime et je la suis,
L'écologie, c'est mon amie
Et vivent les gens,
Vive le moment
Où je vis en tanguant.

« Larme de Couleur »

Apeurés

15/03/2011

C'est une larme de couleur
Une larme ironique
Une larme de bonheur
Une larme pathétique
Une larme sans aucun sens
Elle ne montre pas de sentiments
Elle est symbole de différence
Elle est acharnement
Peut-être aussi la peine et la tristesse
Mais c'est une larme de couleur
Elle est censée montrer la joie
Elle ne montre que la faiblesse
Elle fait comme si elle ne voyait pas
Ce qui se passe autour de moi
Elle ne se rend pas compte
Qu'elle coule alors qu'elle ne devrait pas.

« Le Sablier Liquide »

Apeurés

18/07/2012

Tandis que j'étais seule dans mon lit après avoir pleuré,
J'ai retourné le sablier.
Il était comme le jour où je l'avais acheté :
En le retournant,
Les petites bulles remontaient,
Les gouttes luisantes commençaient à tomber sur le petit
parcours de glissade vert fluo,
Le parcours en toboggan en colimaçon, noyé dans toute
l'eau ;
Et les gouttes roses glissaient, comme des enfants,
Mais le sablier devait bien cesser de couler un jour,
Alors les gouttes tombaient de plus en plus lentement,
Elles étaient de plus en plus petites,
De plus en plus paisibles,
Mais elles allaient si vite
Au début du parcours torride,
Mais pourquoi ralentissent-elles ?
Seraient-elles fatiguées ?
Elles étaient pourtant si belles
Lorsque leur course se fut lancée.
Les dernières petites miettes de liquide rose s'écrasèrent,
Et la dernière goutte, petite, seule, pensive, mal-aimée
Glissait tout derrière,
Puis elle arriva au bout du chemin,
Elle avait l'air de se sentir étrangère,
Pensant que c'était la fin.

« Fruit Défendu »
Monde

??/09/2012

La pomme, avant d'être rouge et brillante, a été verte et terne.

Le melon, avant d'avoir été sucré et juteux, a été amer et sec.

La framboise, avant d'être fondante et sucrée, a été dure et acide.

L'être humain, lui, a pourri avant même d'avoir mûri !

« La Bulle de Savon »

Apeurés

03/09/2012

Une bulle de savon,
Comme l'un de nos rêves,
Avec ses couleurs mouvementées dans la lumière,
On essaye de la toucher
Pour pouvoir l'attraper,
Comme nos rêves les plus fous,
On veut l'attraper,
Mais au moment où on le touche du bout du doigt,
Boum ! Tombe en éclats ;
Comme la bulle de savon,
Si fragile et si belle
Qu'elle peut nous donner des ailes,
Comme nos rêves
Qui s'élèvent dans le ciel.

« Le Corps Humain »

Apeurés

13/09/2012

Mes yeux t'ont apprécié, les tiens m'ont regardée,
Mes oreilles t'ont adoré, et les tiennes m'ont aimée,
Ta main a prit la mienne, et la mienne s'est refermée,
Ma bouche t'a embrassé, et la tienne m'a quittée.

« Purgatoire »
Apeurés

15/09/2012

Le jour où je mourrai
Je ne voudrai aller ni au paradis, ni en enfer,
Je voudrai juste dormir éternellement
Pour ne pas avoir en mémoire tout ce qui s'est passé avant.

« L'Hymne »

Apeurés

07/01/2013

L'hymne du bonheur sont les battements de mon cœur
Mais l'hymne de la joie est le son de ta voix.

« Crise d'Angoisse »

Apeurés

26/05/2013

Tout feu qui prend,
Tout feu qui flamme ;

Colère reprend,
Colère désarme ;

Angoisse m'abusant,
Angoisse me hargne ;

Démon s'attaquant,
Démon à mon âme ;

Tonnerre qui gronde,
Tonnerre le monde ;

Cœur souffrant,
Bras saignant ;

Yeux pleurant,
Gorge hurlant ;

Doigts tremblants,
Esprit lacéré ;

La tête brûlante,
Les mains glacées ;

Fièvre de peur,
Fièvre de douleur ;

Douleur qui me casse,
Douleur qui me glace ;

Je fais une crise d'angoisse.

« L'Avion en Papier »

Apeurés

31/05/2013

Je suis une enfant,
Je n'ai que 10 ans,
Je suis à l'école, dans la cour,
De tous les côtés on crie, on court,
Ils ont tous des amis,
Ils sourient,
Je suis assise sur le banc du square,
Le regard vide, sans espoir,
Je suis « timide », ça rime avec « solide »,
Mais ce ne sont que des mots, ce ne sont que des rimes,
D'un côté on joue au Loup, de l'autre aux Mimes,
Tiens, des enfants qui s'amusent avec des avions en papier.
À mon tour, je vais leur montrer que je peux battre ma
timidité.
Je sors une feuille, je la plie soigneusement,
Et timidement, je m'approche des autres enfants,
Leurs avions volent tout droit,
Le mien a une aile tordue, il est différent, comme moi,
Et puis je le lance,
Mes joues rougissent, mon cœur balance,
Et il ne monte même pas,
Il s'écrase devant moi,
Piétiné par les autres enfants à chacun de leurs pas.

« Le Loup »

Monde

11/10/2013

Le loup sortant du bois troublant,
Poils hérissés, la gueule grognant,
Et au fin-fond de la forêt, courant, courant,
Tremblant, rapide, vivant,
Dans ses veines ne fait qu'un tour son sang,
En quête de proie, certaine victime,
Mais se nourrir n'est pas un crime,
Le fusil tire une fois, puis deux, puis trois,
Le berger priva le loup de sa proie.
Le loup s'en retournant dans la forêt,
Le sang coulant, la patte blessée,
Douleur affreuse mais tête levée,
Et se remettant à parcourir le monde à toute vitesse,
Quelle chance d'être sauvage et libéré d'une laisse,
Et sa patte frappant le sol se transformant en main
Car l'animal est devenu un être humain.

« La Bague »

Apeurés

15/10/2013

Pour certains, rien qu'un bijou,
Pour eux rien que quelques sous,
Rien qu'une bague, pas de quoi avoir la peine jusqu'au cou,
Mais elle comptait vraiment pour moi, grâce à elle
j'encaissais tous les coups,
À mes yeux une valeur inestimable
Qui renferme des souvenirs formidables ;
Elle changeait de couleur :
Noire dans le froid et bleue foncé en pleine chaleur,
Plus qu'un voyage mais un bonheur
Irremplaçable comme cette bague
Qui m'accompagnait dans mes bonheurs
Et qui me rassurait dans mes plus grandes peurs,
Je l'ai perdu, cet objet,
Mais au moins je l'aurais cherché
Sans jamais abandonner,
Toujours aussi déterminée,
Car je le jure je me battrai
Jusqu'à enfin la retrouver.

« La Déception »

Apeurés

11/11/2013

Je voulais combattre un dragon
Mais j'ai été vaincue par mes démons,
Je voulais vivre à cent-pour-cent,
Je n'ai eu droit qu'aux gouttes de sang,
Je voulais avoir des amis vrais, des amis cultes
On n'm'a donné que des insultes,
Je cherchais le bonheur au Nord, il était au Sud
Et aujourd'hui je subis ma solitude.

Je voulais que quelqu'un me prenne sous son aile en me
voyant pleurer,
Je n'ai vu que des moqueries et des sourires qui
s'acquiesçaient,
J'avais juste besoin de chaleur humaine et d'affection
Mais on me laisse dans le froid, assise sur un rocher, sans
me prêter attention,

Je n'ai pu vaincre le dragon
Et j'ai découvert la déception.

« Des Mots dans l'Espace »

Apeurés

11/12/2013

J'ai écrit dans les étoiles,
Sourcils froncés,
Le visage pâle,
Les larmes s'écrasant sur le papier.

De l'encre qui coule aussi vite que mon sang,
Enfermée dans mon propre univers pendant tout ce temps,
Les yeux levés vers le ciel sans fin,
Assise sur ces rochers, seule, en vain.

La plume traversera les paysages,
Emmenée dehors, au large,
Ma seule amie parmi ces gens qui m'abandonnent,
Gardant trace de ces mots qui sans cesse autour de moi
résonnent.

Mes nerfs lâchent,
Mon esprit sature,
Je joue à cache-cache avec mon âme
Dans la nature.

Comment oublier cette enfance que je n'ai eue
Et cette adolescence tellement déçue,
Alors que mes souvenirs à jamais seront gravés
Sur ma peau et le papier ?

J'ai écrit là, sur les rochers,
Et en regardant le ciel, je voyais les mots monter,
Je pense que là-haut ils s'en allaient
Pour flotter dans l'espace à tout jamais.

« Le Roi du Monde »
Monde

07/03/2014

Hey, petit,
J'vais t'raconter l'histoire de quelqu'un.
Il est partout, là et ici,
C'est ni un diable ni un gentil.

Au début, c'était bien :
Y'avait des forêts et des prairies,
Il était sympa avec ses cousins,
Tout est chouette, tout l'monde sourit.

Il mangeait à sa faim,
Il cueillait et chassait sans répit,
Chacun sur sa table avait droit à son morceau de pain,
Et les animaux y avaient droit aussi.

Il a commencé à se multiplier,
Des centaines puis des millions,
La Terre entière il a peuplé,
Pour devenir le roi des cons.

Il fait la guerre et tue les siens,
Il semble n'avoir désormais
Plus rien de bénin,
Il tue il s'acharne et il hait.

On avance encore dans le temps,

Quand il tue à la chaîne
Des animaux innocents,
Sensibles et conscients,
Répandant leur sang pour défouler sa haine.

Il rase les forêts comme il rase sa moustache,
Il se croit puissant et il veut que ça se sache,
Il s'auto-proclame comme la plus belle création de Dieu,
Il pense être au dessus de tout et qu'il n'y a pas mieux.
Mais il s'est enfermé tout seul dans un immense cercle
vicieux.

Il a un alter ego sur-développé,
Un cerveau qu'il pense savoir utiliser,
Il est égoïste et spéciste,
Stupide, sexiste,
Homophobe ou raciste.

Il juge tout ce qui est différent,
Il se croit génial et tout-puissant,
Pour lui seule son espèce compte,
Mais bon sang, il se fait tellement honte.

Je ne sais pas comment son histoire va finir,
Mais les milliers de problèmes qu'il a engendré, je sais pas
trop s'il va en sortir,
En tout cas fais attention, petit,
Car en réalité, toi et moi sommes comme lui,

Parce-qu'il se trouve que ce quelqu'un,
Il s'appelle "l'Être Humain".

« J'ai Écrit »

Inspirations

19/03/2014

J'ai écrit beaucoup de poèmes
Mais celui est différent,
Genre poésie qui dit « je t'aime »
Un peu bohème, pas très marrant.
Je t'aime un peu beaucoup à la folie passionnément
Je t'aime passionnément à la folie un peu beaucoup et plus
du tout
Car j'ai découvert quelque part, qui tu étais vraiment
Et je me suis lassée de tes « bonjours » un peu mous
De ton sourire niais
De la corde qu'tu m'tenais au cou.

J'ai écrit beaucoup de chansons
Mais celle-ci est différente
Genre mélodie de l'abandon
Un peu bohème, pas très marrante
J't'aime plus je t'aime encore et j'oublie,
J'oublie chaque jour ton sourire niais
Tes « bonjours » un peu mous
La corde que tu m'tenais au cou

Parce-que j'suis ce genre, ce genre de fille
Qui s'en va, qui revient,
Qui t'oublie,
Qui arrive à ses fins.

« Fleur Bleue »

Apeurés

27/05/2014

Petite fleur qu'est la camomille,
Elle est tellement fragile,
Mais si elle sourit, elle est jolie.

Ornée de ses pétales blancs,
Supportant toutes les bourrasques de vent,
Craignant subir les prochains ouragans.

Suis-je toute aussi vulnérable ?
Pour que l'on m'ait surnommée de cette petite fleur,
Aux feuilles cassantes et à la tige si cassable,
Voulant se renfoncer sous terre au lieu d'affronter ses peurs.

On m'a souvent dit que j'étais à fleur de peau,
Que je prenais facilement racine face aux vilains mots.

Petite fleur douce comme une pâquerette,
On considère souvent la camomille comme une plante
médicinale,
Ridicule mauvaise herbe, pourtant tellement douillette,
Soignant les petits maux, en thé ou en tisane.

Et qui un jour viendra me cueillir
Pour compter ses amourettes ?
En me désarmant de mes pétales,
Comme avec une pâquerette ?

Moi je veux être aussi grande
Que les roses ou les lilas,
Mais moi je dois toujours attendre
Car l'acacia passe avant moi.

Et où es-tu, jeune coquelicot ?
Si fragile sous tes couleurs vives,
Là, planté tout en bas, tu te sens tellement haut,
Dans les grands champs de blé que tu enjolives.

Mais un beau jour, je le sais
Une main se tendra vers moi,
Et gentiment, d'un geste douillet
Me cueillera.

« Brisée... »

Inspirations

06/06/2014

Brise le verre,
Brise la glace,

Fragments dans l'air
Si tout y passe.

Brise le verre,
Brise la glace,

Vivre l'enfer,
Vivre l'impasse.

Brise le verre,
Brise la glace,

Mettre à l'envers
Ce monde de casse.

« Tristesse Cachée »

Apeurés

17/07/2014

Si tu veux, tu peux
Sortir les armes,
Montrer tes larmes,
Être malheureux
Mais réel ;

Ou te cacher sous tes ailes,
Jouer le gamin heureux,
Genre souriant et amoureux,
Genre trop drôle et bien côté,
N'en avoir que pour la mode
Et la popularité.
Genre « je suis grave immature,
mais c'est parce-que je suis triste »,
Mais tu fonces droit dans un mur,
Avec ces stupides mimiques.

Qui es-tu pour me juger ?
Moi qui ose me montrer,

Pourquoi me pointes-tu du doigt,
Alors qu'au fond je suis comme toi ?

Tu tournes dans le mauvais sens,
Tu prends les mauvais virages,
Tu n'dis pas ce que tu penses
Et mets ta tristesse en cage.

7 milliards de gens sur Terre,
Et tu veux juste me faire taire ;
Malheur sous un mur de briques :
Il s'écroulera bien vite.

« Masque »
Apeurés

13/08/2014

Pourquoi je vis alors que je meurs ?
Pourquoi je ris pendant que je pleure ?

Alors je prie pour oublier ma peur,
Et je souris pour cacher ma douleur.

« Questions »

Apeurés

27/09/2014

Est-ce que les oiseaux volent ?
Les êtres humains marchent-ils droit ?
Suis-je la seule qu'a le cerveau qui bricole
Ou sont-ils toujours de travers, mes pas ?

La vie est-elle réelle ?
Et est-elle si belle que ça ?
Suis-je donc la seule demoiselle
Qui ne sait pas marcher droit ?

Qu'est-ce qu'un cerveau intelligent
Quand on ne sait pas s'en servir ?
Suis-je donc une victime de Satan,
Incapable de m'en sortir ?

Pourquoi les autres sont-ils méchants ?
Que cachent donc leurs sourires ?
Suis-je la seule victime du temps,
En retard sur les fous-rires ?

Que veulent dire les promesses
Quand elles ne sont pas tenues ?
Suis-je la seule fille en détresse ?
Enchaînée à sa solitude, retenue.

Qu'est-ce que l'on appelle « l'amour »
Alors qu'ils sont pleins de mauvaises intentions ?
Suis-je donc la seule à peser le contre et le pour,
Incapable d'avoir de stables opinions ?

Pourquoi personne ne m'écoute donc jamais ?
Pourquoi diable suis-je toujours délaissée ?
Pourquoi le ciel m'a donc punie ?
Mais comment ai-je fait pour être toujours en vie ?

Qu'est-ce que le bonheur
Quand la vie dérobe vos ressources heure après heure ?
Suis-je donc la seule fille qui par malheur
Vit dans un monde destructeur ?

Je crois que les oiseaux s'envolent,
Les êtres humains ne marchent pas très droit ;
Je suis sans doute la seule qu'a le cerveau qui bricole :
Qui ? Quoi ? Quand ? Comment ? Pourquoi.

« Mélodie d'Octobre »

Apeurés

??/10/2014

Que sont donc aujourd'hui,
Les rires des enfants ?
Sont-ils donc partis ?
Rendre l'âme, innocents ?

Le ciel est bleu
Et les forêts sont oranges ;
J'ai une peur bleue
Du nouveau et de l'étrange.

Les fleurs fanent
Et j'attends,
J'attends que le temps passe
Et ça fait longtemps.

Percevoir l'âme d'une araignée
Tissant sa toile,
J'aimerais être capable de pleurer
Mais une fois de plus le bonheur remballe.

N'est-ce donc pas triste de ne pas pouvoir verser ses
larmes ?
Tandis que la haine vous envahit et vous empoigne ?
On monte la son de la musique
On oublie tout, on panique.

Les gens applaudissent, applaudissent à la destruction de la
Terre,
Les enfants chantent, chantent au grand deuil de la planète,
Ô rage, Ô désespoir, Ô tristesse et colère,
Ah, que les gens sont naïfs, idiots et bêtes.

Je suis en apnée, dans le désespoir,
Je suis enfermée, toute seule dans le noir,
Je vais suffoquer, étouffée la nuit par mes cauchemars,
Je retiens mon âme du bout des doigts, je pars.

Et la mélodie résonne, résonne dans ma tête,
Oh, par pitié, que cela s'arrête,
Les notes dansent toujours dans ma petite planète,
Et mes neurones, mes pensées, eux, font la fête.

« Ce Soir »

Apeurés

22/10/2014

Ce soir,
Ce soir je suis sale
Ce soir je suis nue.
Ce soir je déballe
Ce soir j'oublie les inconnus.
Ce soir tout le monde voit qui je suis vraiment
Ce soir je débarrasse mon corps et mon être
Ce soir je suis pure, ce soir j'ai l'esprit bienveillant
Ce soir, vous tous qui êtes ici, vous apprenez à me
connaître.
Ce soir, ce soir le temps est long comme une belle poésie,
Ce soir, ce soir les gens sont bons comme une histoire qui
se finit.
Ce soir les étoiles sont belles dans le ciel
Ce soir les lucioles volent plus haut que les hirondelles.
Ce soir je vis et mon passé se meurt,
Ce soir je nais, ce soir je crie et je pleure.
Ce soir est un jamais, ce soir est un adieu
Ce soir est le sommet, ce soir je touche les cieux.
Ce soir je ne dors pas, ce soir je ne peux pas rêver
Ce soir je fais des cauchemars, ce soir je ne peux plus
voyager
Ce soir je veux me rappeler mais je préfère m'endormir en
ayant oublié
Ce soir je veux réaliser mais je préfère ne pas savoir ce qui

va se passer.

Ce soir ils enflamment mon esprit
Ce soir je me retourne dans mon lit
Ce soir l'univers est endormi
Demain sera le tourbillon de la vie.

« La Valse de l'Ouragan »

Apeurés

24/10/2014

Une allumette et j'allume ma lanterne,
Je la pose sur la table.
J'en jette, avec mes cernes et mon teint terne,
C'est la vie qui m'accable.

Et je prends le vieux disque, et je le fais tourner
Et toute seule, dans la valse, je me fais tournoyer,
Et les souvenirs, les angoisses, je les fais tourbillonner
Et ma vie comme la tornade qui dévaste les prés.

J'aperçois ma vieille amie la solitude
Dans l'encadrement de la porte.
À force j'ai pris l'habitude
Je sais comment faut-il que je me tienne, que je me
comporte.

Et je prends le vieux disque, et je le fais tourner
Et toute seule, dans la valse, je me fais tournoyer,
Et les souvenirs, les angoisses, je les fais tourbillonner
Et ma vie comme la tornade qui dévaste les prés.

Et j'en ai marre des refrains
Ça sert à quoi de répéter ?
Et puis je m'en fous, putain,
Moi aussi je le fais.

Et je prends le vieux disque, et je le fais tourner
Et toute seule, dans la valse, je me fais tournoyer,
Et les souvenirs, les angoisses, je les fais tourbillonner
Et ma vie comme la tornade qui dévaste les prés.

Je veux encore m'endormir
Bordée par l'ombre de mon propre sourire.
Mais la vie ne fait que me l'interdire
Mais ma vie ne me fait que souffrir.

Et je prends le vieux disque, et je le fais tourner
Et toute seule, dans la valse, je me fais tournoyer.
Et les souvenirs, les angoisses, je les fais tourbillonner
Et ma vie comme la tornade qui dévaste les prés.

Aujourd'hui, comme toujours, j'ai la tête malade
Demain, comme on dirait, ça ira mieux
Mais j'en ai marre des mensonges, des salades
Le temps n'arrange rien, il faut se battre, jeune ou vieux.

Et je prends le vieux disque, et je le fais tourner
Et toute seule, dans la valse, je me fais tournoyer,
Et les souvenirs, les angoisses, je les fais tourbillonner
Et ma vie comme la tornade qui dévaste les prés.

J'ai vécu dans l'oubli,
Dans l'ombre de mon ombre.
Je n'ai pas beaucoup rit
Et maintenant j'ai l'âme sombre.

Et je prends le vieux disque, et je le fais tourner
Et toute seule, dans la valse, je me fais tournoyer.
Et les souvenirs, les angoisses, je les fais tourbillonner
Et ma vie comme la tornade qui dévaste les prés.

Et je prends le vieux disque, il a cessé de tourner,
Et toute seule, plus de valse, je n'peux plus tournoyer.
Et les souvenirs, les angoisses, continuent de tourbillonner
Et ma vie comme la tornade qui dévaste mes pensées.

« La Vie n'a pas Voulu de Moi »
Apeurés

29/10/2014

Regardez-moi,
Assise par terre,
Transie par le froid,
Détruite par la colère.

Que fais-je ici ?
Où sont passés les autres ?
Il prétendaient être mes amis.
Ce n'étaient pas les miens.

Car jamais rien ne m'appartient,
On me confisque tout ce que j'obtiens.
Car jamais personne ne fait la grimace pour me faire rire,
Car tout le monde ne sait que me faire souffrir.

C'est parce-que la vie n'a pas voulu de moi,
Alors elle me punit, elle est sans foi ni loi.
C'est parce-que je ne devrais pas être là,
Alors on m'oublie, on fait comme si je n'existais pas.

Regardez-moi,
Le goût salé de mon eau,
Fatiguée de tout ça,
Secouée de sanglots.

Que fais-je ici ?
Je suis perdue,
Je ne suis plus très jolie
Quand les gens m'ont déçue.

Car jamais rien ne m'est offert,
Ou alors, bêtement, je le perds,
Car jamais personne n'a de temps pour moi,
Car tout le monde est occupé chacun pour soi.

C'est parce-que la vie n'a pas voulu de moi,
Alors elle me punit, elle est sans foi ni loi.
C'est parce-que je ne devrais pas être là,
Alors on m'oublie, on fait comme si je n'existais pas.

Ne me regardez plus,
Vous avez horreur de ça.
Moi, la fille têtue,
Cassée jusqu'au bout des doigts.

Que fais-je ici ?
Je n'en peux plus.
Je n'sais même plus ce que je suis,
Personne ne m'a jamais connue.

Car je suis toujours cette inconnue,
Que les passants regardent de travers,
Car jamais personne ne m'a reconnue,
Car tout le monde me laisse à terre.

C'est parce-que la vie n'a pas voulu de moi,

Alors elle me punit, elle est sans foi ni loi.
C'est parce-que je ne devrais pas être là,
Alors on m'oublie, on fait comme si je n'existais pas.

C'est parce-que la vie ne veut pas de moi,
Alors elle m'interdit au bonheur, elle n'autorise pas une fois.
C'est parce-que je n'aurais jamais dû être là,
Alors personne ne me sourit, on m'abandonne seule dans les bois.

« Premier Baiser »

Inspirations

05/11/2014

Et l'endroit, peu importe,
Au bahut, sous la flotte,
C'est toujours nos lèvres qui se frottent
Et nos doigts qui tremblotent.

« Contre les Basses »

Inspirations

28/11/2014

Archers, faites marcher l'archet,
Soldats, armez vos boîtiers de bois,
Aujourd'hui, la guerre est déclarée,
Mais nous fêtons déjà l'armistice avec joie.

Feu ! Que les arcs glissent sur les cordes,
Cordes vibrantes, frappées, pincées,
Que l'espoir éclate, que les chopes d'alcool débordent,
Faites la fête, mes amis, le spectacle a commencé.

Je n'oublierai, je n'oublierai, jamais,
Les contrebasses, le son de la musique,
Je n'oublierai, je n'oublierai, jamais,
Les voix qui se cassent, la bataille olympique.

Mais que vois-je au bout de la lande ?
Serait-ce l'armée de violons ?
Violon, violence, peu importe, venez, ma bande,
Montrons-leur donc nos dons.

Et les violoncelles,
Ah, qu'ils sont beaux,
Avec leurs cordes si belles,
Qui nous font joie comme des cadeaux.

« Pourquoi donc ? »

Apeurés

04/12/2014

Qui es-tu pour me juger ?
Toi, l'ombre de mon passé.
Pourquoi reviens-tu toujours ?
Hanter mes nuits et perturber mes jours ?
Comment oses-tu m'envahir
De tes démons ?
Pourquoi donc m'anéantir
De tes soupçons ?
Et surtout que vas-tu faire de mon avenir ?
Vas-tu enfin briser mes chaînes et me laisser partir ?
Pourquoi, angoisse, pourquoi ?
Pourquoi me retiens-tu prisonnière ?
Dans tes barreaux glacés et brûlants de fer ?
Va-t-en, va-t-en de mon esprit,
Laisse-moi donc vivre ma vie.
Qu'as-tu donc fait à la chair de mon fruit ?
Pourquoi est-t-elle désormais si puante et pourrie ?
Pourquoi donc de cauchemars tu perturbes mes nuits ?
Au lieu de m'abandonner, une fois endormie sur mon lit.
Comment se fait-t-il que ta forêt d'arbres morts grandit ?
Tandis que ma pauvre enfance, je ne l'ai pas saisie.
Où es-tu ? Que fais-tu ?
Pourquoi donc t'es-tu tue ?
Mais dis-moi donc pourquoi tu me tues,
Par ton poison gazeux qui enveloppe mon esprit ?

Qui pénètre mes narines, et soudain m'endort ?
Sommeil froid et bruyant, secoué de sanglots,
Et tu t'acharnes encore,
Le mal toujours plus gros.
Pourquoi donc mes jambes bougent ?
Sans avoir ma commande ?
Pourquoi donc mes yeux pleurent ?
La rivière du malheur.
Pourquoi donc des fourmillements assassins envahissent
mon visage ?
Mes joues, le bout de mes doigts, mes oreilles, mon image.
Mais quel est donc ce mauvais sort ?
S'abattant sur moi, comme la faux de la mort ?
Et la crise continue, m'épuisant de tout corps,
Les gouttes de sueur glacées
Coulant dans mon dos,
Glissant sans se gêner
Le long de mes bras chauds.
Que se passe-t-il ?
Est-ce un voyage dans le temps ?
Pourquoi donc je revois, du bout de mes cils,
Ces enfants se moquant, m'insultant ?
Mais quel est donc ce maléfice ?!
Pourquoi suis-je capable de ressentir leurs coups à
nouveau ?
Leurs claques accusatrices,
Leurs coups de poings, mes bobos ?
Au bout d'une heure ou deux,
Ou même un peu plus,
L'angoisse termine son jeu
Mais la sangsue me suce

Et absorbe le peu d'énergie
Qu'il reste en ma survie.
Épuisée, allongée sur le lit,
Je verse encore une larme ;
Apaisée, la crise est finie,
L'angoisse pose ses armes.
Me voilà fatiguée,
Mes paupières s'alourdissent
Et je m'endors presque, totalement lassée
Et voilà que je glisse
Dans un profond sommeil
Et j'espère pouvoir rêver
De monts et merveilles
Avant d'être à nouveau

Angoissée.

« Six pieds sous terre »
Apeurés

12/01/2015

Ils me font taire,
Je ne risque pas d'aller très haut,
Ils m'enfoncent à 6 pieds sous terre
En me reprochant mes défauts.

Mais comment donc les afficher ?
Quand tout le monde cherche à les enterrer ?
Je parle de mes qualités,
Je me demande presque si elles ont vraiment existé.

Au fond, à quoi bon,
Je suis trop fatiguée pour débattre,
On m'a assassinée,
Personne n'est parfait,
Mais moi on me l'a toujours reproché,
Pourquoi donc les autres sont-ils épargnés ?

Pourquoi lorsque même j'espère trouver
Mon ethnie, ou un peu d'amitié,
Faut-il que je sois toujours aussi rejetée ?
Mais qu'on me dise pourquoi
Malgré toutes les belles choses que je cache en moi
Je porte ce lourd, trop lourd poids,
Ce poids énorme de défauts qu'on me pose sur les bras.

Pour qui ?
Pour qui être gentille ?
Pour qui me faire jolie ?
Pour qui être créative ?
Pour qui me servir de mes qualités natives ?
Je n'ai pas d'ami,
Pas de frère, pas de sœur
Je ne trouve pas ma famille,
Pas plus que je ne trouve ma place
Oui cette place car tout l'monde est rangé dans une case,
Mais la mienne, on la casse
À moins qu'elle n'existe pas,
Ou suis-je trop imparfaite pour me caser où que ce soit,
J'en sais rien,
Je m'en fous,
Ça m'inquiète,
Ça m'angoisse,
Je n'sais plus
Et j'ai peur,
Tellement peur
De finir comme
J'ai commencé
C'est-à-dire
Aussi seule.

« Six pieds sous mer »

Apeurés

??/01/2015

Pendant que le temps traverse l'espace
Et que l'espace traverse le temps,
Je m'enfonce, trop tenace
Au plus profond des océans.

Mais je fais partie des perdants
Et quand j'essaye de remonter à la surface
On me noie en riant
Pendant que je suffoque sous cette eau
Bien trop sale pour regarder en haut.

Et je suis madame-toute-seule,
Je ne suis pas triste car je suis seule
Je suis seule parce-que je suis triste ;
Et imparfaite, Ô, si imparfaite,
Au fond je resterai toujours ce casse-tête
Qui s'angoisse pour des sornettes
Et qui s'impose pour enfin être.

« Charlie Hebdo »

Monde

07/01/2015

L'encre qui coule de ta plume
A le goût de ton sang,
Et maintenant, tu fais la une,
Ta vie volée par ceux
Qui, sans doute, n'ont jamais lu le Coran.

Te voilà assassinée, liberté d'expression,
– Peut-être cette fois-ci, était-ce pour de bon ? –
Au nom de ceux
Qui n'ont pas compris leur religion,
Et me voilà, je suis ici,
En dernier hommage à tes vies,
Je me présente :
Je suis Charlie.

« Charlie est vivant »

Monde

08/01/2015

M'enfin voyons, soyons honnêtes,
Oui, Charlie est bien vivant
Et nous sommes là, nous ne sommes pas bêtes,
Car nous sommes là, nous sommes vivants,
Tous humains, tous animaux, tous pareils mais pourtant
Toujours aussi différents
Et pourquoi pas en faire une force ?
Au lieu de faire ces choses atroces
Comme les meurtres, la guerre, la dictature,
Plutôt écrire un beau futur
Car c'est maintenant qu'il s'écrit,
Et puis voilà, je le redis,
Car il est toujours en vie,
Oui nous sommes tous Charlie
Et tous le sont aussi.

« Solitude et Anxiété »

Apeurés

09/01/2015

Lily Loneliness
M'accompagne quand on me blesse,
Quand je suis seule et meurtrie
Elle se fait ma seule amie.

Carolyn Anxiety
Est celle qui me cloue au lit,
Me maintient éveillée la nuit,
Ses questions font mes insomnies.

« Les bras de Morphée »
Apeurés

19/01/2015

Je suis le fantôme qui s'égare
Le pas branlant sur le sol de la nuit
Je suis de ceux qui en ont marre
En attendant j'essaye de profiter d'la vie.

Et puis je suis cette petite personne de l'ombre,
Tu sais ces âmes pauvres et oubliées
Qui s'oublient elles-même en c'foutu nombre
Ce zéro qui colle à la peau jusqu'à ce que tout soit terminé.

J'suis aussi l'esprit qui se perd,
Un peu comme cette lueur dans le noir
Trop petite, personne ne s'en sert,
Comme toute cette haine que tout l'monde lance à mon
égard.

Je suis cette petite âme égarée,
Perdue dans le petit bois
Que personne n'est venu consoler,
En attendant j'essaye en vain de ne plus penser à tout ça

Et puis j'pense trop, moi, j'pense trop,
Je n'vis plus qu'à l'intérieur de moi-même
Et les autres sont source d'angoisse,
De haine,

De larmes,
Putain, les autres, c'est flippant,
Et je les vois, ils m'comprennent pas
Il sont tous tellement méchants.
Et, au bout de mon regard,
Je les observe s'éloigner
Mais ils m'oppressent toujours autant,
Et une fois enfin isolée
Un fois qu'on m'a foutu la paix
Je me laisse m'égarer,
Je me laisse m'égarer,
Je m'oublie,
Je me perds dans ce sommeil profond
Qui m'protège tellement d'la réalité,
J'veux dormir,
J'veux dormir,
Laissez-moi,
Laissez-moi mourir
De la réalité
Et laissez-moi atteindre mes rêves
Sans les transformer en cauchemars,
Ces cauchemars éveillés qui me rongent de l'intérieur
Bien plus que de l'extérieur,
Fautive, l'angoisse,
J'veux dormir,
J'veux dormir,
Laissez-moi vivre
Pour que je puisse mourir
Et foutez-moi la paix,
Pendant que je me perds encore
Car au fond c'est p't'être comme ça que je trouverai mon

chemin,
J'aimerais tellement être seule
Mais j'ai tellement besoin de quelqu'un,
Je me meurs dans la tristesse
Mais personne n'est jamais là
Pour me prendre dans ses bras.

Parce-que je suis cette chose,
Noire, livide, sombre, triste
Qui déambule dans les longs couloirs
De l'ennui,
De l'hôpital
Des oubliés,
Je suis faite
De mes pensées,
Ce pensées qui m'envahissent
Et qui m'anéantissent,
Ces pensées sous lesquelles je croule
Comme sous des kilos de peine,
J'pense tellement que j'sais plus quoi penser,
J'ai p't'être déjà tout dépensé
En fait, ma réserve est épuisée,
J'pense tellement que j'me contredis moi-même,
J'suis même pas foutue d'me faire une opinion
Comment être d'accord avec les autres si déjà j'suis pas
d'accord avec ma tête ?
D'façon les autres ils m'font peur,
Ils m'font du mal,
Ils m'font du tord,
Ils m'trahissent,
Ils me haïssent,

Ils me frappent,
Ils m'insultent ;
Non, ils ne sont pas gentils les autres,
Les autres ils font peur
Et rien d'autre,
Les autres sont juste des pièges
Qui choisissent bien leurs appâts,
Quand tu crois avoir un ami
Il t'attrape et là il t'anéantit.
D'façon les autres ils m'font flipper,
Ils m'abandonnent,
Ils me jugent,
Ils me délaissent,
Ils m'achèvent indirectement
Parce-qu'au fond c'qui m'fait le plus de mal
J'crois qu'c'est moi-même,
Ou plutôt ces cogitations envahissantes
Impossibles à canaliser,
Ces cogitations qui m'rendent insomniaque,
Hystérique ?
Borderline ?
Bipolaire ?
Surdouée ?
Mais putain, j'suis quoi, moi ?
J'suis quoi ?
C'est quoi toutes ces différences ?
Qu'ils appellent troubles de la personnalité,
Ah, oui, c'est vrai, j'suis troublée,
Troublée, oui, je ne vois plus mon chemin,
Tout c'que j'peux encore faire, en fait, c'est rien,
J'arrive juste à subir les autres et à m'subir moi-même,

Et dès qu'j'essaye de faire quelque-chose
J'suis juste une putain de catastrophe.

J'devrais p't'être arrêter d'croire les autres
Quand ils me disent qu'j'ai des problèmes ou que j'vais mal,
Non en fait moi j'vais très bien,
C'est les autres qui sont juste tarés,
Ils sont complètement malades d'être aussi bien adaptés
À tout ce putain de système et cette connasse de société.
C'est vrai, moi je vais très bien,
C'est eux qui sont fous de se nourrir à coups de cadavre,
D'OGM's, de cruauté et d'horreur.
C'est eux qui sont fous de se soigner à coups d'médocs
Qui les rendent encore plus malades.
C'est eux qui sont fous d'être aussi abrutis par les médias,
La radio, les journaux, internet, la télé.
C'est eux qui sont fous d'être aussi lobotomisés,
L'argent, le pouvoir, l'argent, le profit, l'argent, la publicité.
C'est eux qui sont fous de placer ces foutues limites
Qu'ils appellent la « normalité ».
C'est eux qui sont fous de penser que c'est en hiérarchisant
tout ce qu'ils voient
qu'ils s'trouveront une place.
C'est eux qui sont fous d'être aussi persuadés qu'ils
trouveront la paix en faisant la guerre,
Au nom d'la religion, d'une ethnie, d'une pensée, d'un
terrain que la nature n'a pas délimité.
Alors non, j'vais très bien moi,
Alors foutez-moi la paix...
Foutez-moi la paix...

Laissez-moi dormir.

« Talent ? »
Apeurés

29/01/2015

L'ombre d'une pensée
Dans l'ombre d'une larme,
Je suis ce fantôme sombre
Qui a perdu son âme.
Et j'apprends, lentement,
À délaisser ma lame ;
Mais, comme une guerrière
Je ne baisse pas les armes,
Et un jour, je serai reconnue
Au delà de mes drames.

« Je t'aime »

Monde

11/02/2015

Je t'aime.
Je t'aime, toi, qui ne peut lire ce poème.
Je t'aime, toi, que tu sois petit, grand,
Je t'aime car qui que tu sois je sais que tu n'es pas méchant.
Je t'aime, parce-qu'on se ressemble tellement,
Je t'aime, nous sommes en vie, sensibles et conscients.
Je t'aime, tu peux faire peur parfois, mais
Je t'aime, parce-que tu es comme moi.
Je t'aime aussi parce-qu'on n'est pas tellement pareils,
Je t'aime, parce-que c'est génial de te voir quand tu
t'éveilles.
Je t'aime toi, animal, humain ou non-humain,
Je t'aime peu importe que tu portes une grande fourrure, des
poils rugueux, de belles plumes,
Je t'aime peu importe que tu ne vives sur terre, sous l'eau ;
Je t'aime peu importe que tu ne vives en occident ou dans
les pays tropicaux.
Je t'aime, lion, poisson, chat, vache, cochon, cheval, panda,
oiseau, insecte, poule, lapin, mouton,
Je t'aime peu importe ton nom,
Je t'aime et tu ne devrais pas vivre en cage ou en laisse,
Je t'aime et je te protège, peu importe ton espèce.

« Petit Animal »
Monde

18/02/2015

La fin est proche,
Petit animal,
Tu es né pour mourir,
L'Humain te veut du mal.

Moi je suis toute proche,
Petit animal,
Car je trouve ton destin
Injuste et anormal.

Je me battrai à vie
Pour ta libération,
Je serai ton amie
Face aux contradictions.

Moi, je l'entends, ta voix,
D'autres ne l'entendent pas ;
Moi, je te jure, je te crois
Quand tu exprimes ton effroi.

Je t'en prie, rassure-toi,
Certains t'aiment pour ta vie,
Pas pour ta chair, pour ta peau,
Ton ivoire, ton lait, ta fourrure si jolie.

Nous, végétariens,
Tellement méprisés !
Comme ceux qui, autrefois,
Défendaient les noirs et leur liberté.

Je m'en fiche, qui que tu sois,
Tu mérites la vie, la nature et le respect,
Et dans cent ans, crois-moi,
Nous aurons honte en nous rappelant qu'on te mangeait.

Peu importe humain, ou vache,
Poule, lapin, cochon,
Nous accomplirons notre mission
Et mettrons fin à tes interdictions.

Ta liberté est proche,
Petit animal,
Tu seras né libre
Et en droits tout égal.

« Message d'un Fantôme »

Apeurés

28/01/2015

Un fantôme hante
Mon âme de poète,
Cette ombre de l'épouvante
Qui cogne dans ma tête.

Je te vois, petite ombre,
Paradoxalement, dans les moments les plus sombres ;
Que regardes-tu ? De tes grands yeux blancs et vides ?
Un peu comme moi maintenant, tu es tellement timide.

Je t'entends, tu sais,
J'entends ta voix qui ne résonne plus,
Ta voix silencieuse qui murmurait
Qu'il n'y avait que moi que tu aimais.

J'attends ton message,
Tapé de tes doigts qui m'ont tant touchée,
Qui m'ont tant couverte de caresses, de massages,
Tes doigts qui avec les miens, appréciaient s'entrelacer.

J'attends ton message,
Envoyé de tes mains qui ont parcouru mon corps,
Découvert mes formes de leur passage
Sur ma peau frissonnante sous ton être aujourd'hui mort.

Un fantôme hante
Mon âme de poète,
Cette ombre de l'épouvante
Qui cogne dans ma tête.

Et toi, le cadavre,
Pourquoi es-tu si sadique, si égoïste, si égocentrique ?
Oui, toi, tu me navres,
En vie, tu étais si amical, présent, comique.

C'est cette vie réduite en monstre de la nuit,
Cette vie qui hante les maisons, les châteaux,
Les manoirs, mon esprit,
Qui avait tout construit, qui avait tout promit ;

C'est toi, le corps sans vie,
Qui a juste tout détruit ;
Et, contre ma volonté,
Je t'ai vraiment bien aidé.

Oh, et je suis désolée,
D'être cette catastrophe,
D'être ce boulet,
Cette fille si compliquée ;

Je suis désolée, oui,
D'avoir un trop grand besoin d'être aimée,
Ce besoin immonde créé par mon terrible passé
Qui a fait de moi cette insupportable personne, impossible à
combler.

J'attends ton message,
Avant de m'envoler,
La pluie devient orage
Et personne n'est là pour me rassurer.

J'attends ton message,
Avant de m'écrouler,
La pluie devient orage
Et personne n'est là pour me rattraper.

J'attends ton message,
Avant de m'oublier,
La pluie devient orage
Et personne n'est là pour me rappeler.

J'attends ton message,
Avant de m'effacer,
La pluie devient orage
Et personne n'est là pour me redessiner.

J'attends ton message,
Avant de m'écrier
Que la pluie devient orage !
Et que personne n'est jamais là pour me consoler !

J'attends ton message ! Tu entends ?!
Avant de hurler
Que la pluie devient orage !
Et que tout le monde est toujours là, là pour m'abandonner !

Oh, j'attends ton message.. !

Avant de rauquer
Que la pluie devient orage.. !
Et que personne n'est venu, de sorte à me sauver.. !

Oh, j'attends ton message..
Avant de murmurer
Que la pluie devient orage..
Et que plus personne désormais, ne peut encore me sauver..

Ton fantôme hante
Mon âme de poète,
Ton ombre d'épouvante,
Tu cognes fort dans ma tête.

« La Fêtarde »

Inspirations

Fatiguée par les mélodrames,
L'ombre languissante s'oublie, elle et son âme,
Elle marche en talons hauts dans les ruelles sombres
Qui la cachent et la retirent du monde.

Elle enfile sa mini-jupe, se maquille lourdement,
Elle sort faire la fête, peut pas faire autrement,
Et alors qu'elle s'apprête à danser infiniment
Elle se rappelle de tout, et s'arrête, sagement.

Elle sort de la boîte, ses pas claquent dans la nuit,
Elle pose son sac à main, s'assoit et allume une cigarette,
Son maquillage s'efface, elle ferme les yeux et s'oublie,
Puis relève la tête, se rafraîchit un peu, et repart à la fête.

Elle danse jusqu'au matin, drague quelques garçons,
Elle boit plusieurs verres, elle fait monter le son,
Si jolie, dans sa robe où se posent ses longs cheveux
blonds,
Et, de ses grands yeux verts, elle hausse le ton :

« Je m'en fous ! » hurle-t-elle,
« Je veux oublier ! ».
Un jeune homme l'interpelle,
Il lui dit qu'elle est belle,

Discute avec elle,
Lui offre un cocktail,
La fait rire, la ramène chez elle.

« Adulte »
Inspirations

11/02/2015

Nous voilà, maintenant, au bord de nos jeunesses
Nous demandant si nous devons nous arrêter maintenant
Nous questionnant si c'est maintenant qu'on les délaisse
Nous laissant partir vers d'autres vies plus mouvementées
encore.

Dis-moi veux-tu vraiment la laisser partir ?
Est-ce que tu veux que je la remplace à présent ?
Je ne suis pas habile ni très à l'aise
Pour te dire que je suis prête à dire oui si c'est vraiment ce
que tu désires.

Suis-je une bombe émotionnelle ou juste une gamine
effrayée ?
Comment as-tu pu, sans le savoir, me consoler ?

« Tic Tac Salle d'Examen »

Inspirations

18/02/2015

Tic tac, passe le temps
Dans la salle silencieuse
Où tout le monde attend.

Tic tac, passe le temps
Dans la salle peuplée
D'ados impatients.

Tic tac, passe le temps
Dans la salle collégienne
Où passe le brevet blanc.

Tic tac, passe le temps
Dans la salle où j'ai terminé
Une heure trop en avant.

Tic tac, passe le temps
Dans la salle où j'ai plié
Ma feuille de brouillon en bateau de papier.

Tic tac, passe le temps
Dans la salle où j'ai faim,
Mais j'attendrai la fin.

« Déception »

Apeurés

17/06/2015

C'est l'orage après le soleil
L'arc-en-ciel avant le cataclysme
C'est le regard levé vers le ciel
Que je scrute anxieusement le départ de mon idéalisme.

C'est quand tout s'effondre et que les larmes ne peuvent
nettoyer
Les restes déchus d'un espoir dévasté,
C'est quand on ne peut être qu'angoissé
À la simple idée d'avoir tout gâché.

Mes chers amis voilà ce qu'est cette sensation
De tout laisser se casser
De tout espérer et tout détruire avec regret
Voilà ce qu'est la déception.

« Évolution »

Inspirations

10/07/2015

Le temps passe et les âmes changent,
Les esprits grandissent, les pensées mûrissent
Et la vie qui défile fait oublier les temps difficiles.

« Pète la Bulle »
Inspirations

10/07/2015

Pète la bulle comme un rêve
Dans un esprit étriqué de pensées,
Elle s'envole et s'élève
Vers une nouvelle idée.

« Papier Froissé »

Inspirations

24/09/2015

Un poème déchiré,
La feuille fissurée,
Une vitre brisée
Dans le papier froissé.

« Carencée »

Apeurés

22/09/2015

On s'inquiète pour mes protéines,
Ma seule carence est affective,
J'ai délaissé ce « Caroline »
J'ai caché mes anciennes dérives.

L'automne approche et me voilà à nouveau
Entre l'espoir et la peur de mes propres défauts,
Effrayée au moindre choc
Jalouse, je me disloque
J'oublie l'espoir d'une caresse,
D'un ami, de tendresse,
Je me prépare une nouvelle fois encore
À un hiver de détresse.

« Un cours dans une oreille... »

Apeurés

09/10/2015

Un cours dans une oreille, des distractions dans l'autre,
Une musique dans la tête, je me vois quand je me vautre,
Toute pleine de boue, par terre, car je ne suis pas les autres.

Le temps me file entre les doigts comme du sable fin
Et je suis angoissée de vivre ma jeunesse en vain,
Les micro-minéraux, dans le sablier s'écoulent
Et le « tic-tac » des aiguilles m'agrippe et me coule.

Je n'ai pas fait mes devoirs,
J'ai caressé un cactus,
Je me cramponne à l'espoir,
J'ai raté mon bus.

J'allume un feu dans les bois et je ris une dernière fois :
L'hiver sera long et je m'y prépare avec un dernier repas
Et pendant que j'écris voilà que je me fais choper,
Il ne faut pas que j'oublie : il faut peut-être que j'laisse
tomber.

« Dépression Saisonnière »

Apeurés

15/10/2015

C'est un bien triste jour, Lily,
Les feuilles tombent enfin des arbres
Alors que toi tu grandis,
Tu limes ton grand sabre
Prêt à détruire ma vie.

Oh, Lily, pourquoi es-tu si obstinée ?
Mais dis-moi donc c'que j't'ai fait
Pour que tu me fasses perdre tous mes amis.

Pourquoi reviens-tu chaque hiver,
Un grand sourire sur les lèvres ?
Montrant tes grandes dents pourries
Avant de me faire vivre l'enfer.

Je la sens arriver comme une nausée,
Comme le haut-le-cœur effrayant juste avant de vomir,
Elle arrive, déambulant et incontrôlable comme chaque fin
d'été
Dans l'unique but malsain de me donner envie de mourir.

Pourquoi pleures-tu, Lily Loneliness ?
Mes espoirs et le peu d'élan qui reste en moi t'ont-ils
vexée ?
Ne t'en fais pas, je serai bien assez tôt envahie de ta paresse,

De ta copine Carolyn Anxiety qui s'est déjà mise à me faire angoisser.

Ah, Carolyn,
Cette fois-ci, peut-être,
Ne réussiras-tu point
À priver mon pauvre être
De sommeil, ce besoin.

Et oui, cette fois, Carolyn,
Les bras de Morphée m'accueilleront enfin :
Un verre d'eau, une gélule de mélatonine.

Mon nom est Camomille et me voilà fin prête
À accueillir Lily et Carolyn
Comme il se doit être.

« Un stylo, du papier »
Apeurés

15/10/2015

Un stylo, du papier,
Et je me saigne un poème ;
Une larme, un sourire forcé
Lorsque personne ne m'aime.

L'Ouragan, dans sa valse, ne tarde à m'emporter
Dans un élan théâtral visant à me cacher.
Un vieux disque, une lanterne, je me mets à danser
Sur un vieux punk-rock, pour pouvoir oublier.

Le refrain tourbillonnant de ce vieux poème se répète dans
mon esprit
Alors que mon corps refroidi subit, que se rallongent les
nuits,
Le soleil me manque plus encore qu'un peu de compagnie
Quand je m'endors, ce soir, veille du tourbillon de la vie.

« Quand je suis arrivée ce matin au lycée »

Apeurés

16/10/2015

Quand je suis arrivée ce matin au lycée
On m'a dit que j'avais l'air fatigué
J'ai répondu bêtement que c'était vrai
Avec ce gros dégueulasse de sourire forcé.

L'hiver sera long, comme je l'écris si bien
Et en ce monde dans lequel je suis coincée, où personne ne
m'aime
J'espère fortement trouver un lieu sûr et sain
Où Lily Loneliness et Carolyn Anxiety ne sauront m'emplir
de haine.

Oh, doux mois d'octobre, et tes farces effrayantes,
Tes citrouilles, tes lanternes ne sont que pacotille
Face à Lily et Carolyn, qui arrivent, rampantes,
Tandis que mes yeux, comme le soleil, bien moins souvent
brillent.

Les feuilles qui craquent sous mes pieds
Comme mon âme sous la honte,
Les marrons, dans leur carapace armée
Signent le décès de l'été.

J'aimerais pouvoir dire que je passerai au dessus de tout ça
cette fois-ci

Mais les choses ne sont pas si simples,
Je suis trop lâche et stressée pour espérer un autre scénario
de vie,
Alors, voulant attirer l'attention, j'écris, j'écris
Mais mon être à jamais restera trop humble.

« Novembre qui se Réveille »

Apeurés

01/11/2015

C'est Novembre qui se réveille dans la brume,
Qui me rend légère comme une plume,
Qui détruit tout à petits feux,
Qui appelle Lily d'un hurlement fameux.

Crispée comme toujours,
Elle me manque tellement,
La lumière du jour
Disparaît simplement.

Mon cœur s'affole à la vue du calendrier
Quand Novembre se lève
Je ne suis plus tranquille désormais
Car Novembre m'achève.

Jamais le brouillard aveuglant
Ni le vent glacé,
Ni l'horloge, ni le temps
Ne sauront expliquer
À quel point je me perds
À quel point c'est lassant.

« Chers Lecteurs »

Apeurés

05/11/2015

Chers lecteurs, je n'ai plus les mots
Pour vous dire à quel point ma douleur est grande,
Mes espoirs sont en lambeaux
Je me procrastine et je glande.

Enfermez des besoins d'enfant,
Des réflexions de sage,
Dans un corps adolescent,
Ainsi se reflète mon image.

« Endormis »

Monde

05/11/2015

Ah, qu'il est facile de se cacher !
Qu'il est futile, les yeux de fermer
Quand le spectacle est à vomir
Mais que nous sommes bien les acteurs du scénario
morbide.

Une ado regarde une vidéo sur le net,
Les images semblent floues, ne sont pas vraiment nettes,
C'est une caméra cachée dans un nouvel « Auschwitz »
Où des centaines de cadavres encore à moitié conscients se
vident de leur sang
Agonisent dans la peur, sur un tapis roulant,
Un couteau sous la gorge, œsophage et trachée ballants,
Soutenus à l'envers par une chaîne à leurs pieds
Le liquide rouge vif formant des flaques sur le sol bétonné.
La fille fait « pause », elle est vraiment choquée,
Partage sur son mur, dit qu'elle est indignée,
Mais sa maman l'appelle : y'a du steak au dîner.

Ah ! Les mots ! Ils sont... insignifiants.
Qu'est-ce dont qu'une parole lancée dans le vent ?
Quel intérêt d'une promesse, quand les actes sont absents ?
Ah, c'est bien beau d'gueuler quand on est insouciant.

...Endormis.

C'est exactement l'état dans lequel je considère la plupart des gens,
Inconscients de l'avenir, des enjeux, du moment,
Tout ira bien tant qu'on aura de l'argent,
De la bonne bouffe, du confort, rien ne vaut autrement.

Que voulez-vous que je fasse ?!
Du haut de mes 15 ans ?
Alors que je hais dans le monde, tout ce qui se passe,
Freinée par ma minorité, l'insouciance de mes parents.

Voilà donc mon fardeau, depuis que je suis enfant :
Comme connectée à la Terre, ses souffrances, je les ressens,
Je m'en meurs, j'en pleure, j'en ai fait couler mon sang,
J'en hurle de douleur, j'en ai fait mon engagement.

Bien des moqueries cela m'a amené, naturellement,
Des questions, des traumatismes, du rejet tout autant,
Des disputes, des querelles, des soucis mais pourtant
Je n'ai jamais cessé de combattre pour autant.

J'ai privé mon corps du goût de la chair et du sang,
Des matières organiques qui se putréfient dans mes intestins,
Je m'en porte à merveille, vous le voyez bien ;
De me priver de bonnes choses, ça j'en suis vraiment loin,
Sans cadavre, je me régale de festins plus sains,
Jamais je ne regretterai de manger végétarien.

Je suis accusée, constamment recalée
De ne pas être comme le voudrait la société,

Mais de me battre contre celle-ci j'ai décidé
Et rien ne m'arrêtera, vous m'en verrez désolée.

Chers amis, voilà comment s'achève ce poème
J'aurais voulu le continuer pour encore cracher ma haine,
Ce n'est pas le dernier, cela dit je vous invite
À sortir la tête du sable, je vous prépare une suite.

« Pourquoi tu pleures ? »
Monde

15/11/2015

Parce-que l'hiver, parce-que la guerre.
Parce-que le froid et les saisons,
Parce-que le mensonge et la haine, la trahison.
Parce-que les gens et que j'ai peur,
Parce-qu'il y a les gens sans cœur,
Parce-que la viande et les produits laitiers,
Parce-que partout autour de moi : la cruauté.
Parce-que le racisme et les amalgames,
Parce-que la violence, envers les femmes
Envers les étrangers, les pauvres, les homos,
Les innocents, les religieux, les animaux.
Parce-que tous ces gens qui parlent sans rien faire,
Qui profitent des situations macabres pour faire leur affaire.
Parce-que tous ces idiots sans nom, lobotomisés,
Parce-que le capitalisme, l'argent, la télé.
Parce-que la détresse, la famine, la pollution,
La destruction, la corruption, la malnutrition,
Le réchauffement climatique, la déforestation.
Parce-que la pédophilie, la xénophobie,
Le spécisme, la discrimination, l'homophobie.
Parce-que l'alcoolisme et autres addictions,
Parce-que ces tragédies comme des malédictions.
Parce-que la solitude, la maladie, la dépression,
Parce-que le suicide, le meurtre, le génocide,
Parce-que trop de mort, trop d'extinction,
Parce-que pas assez d'amour, de partage,

De compassion, d'empathie, de solidarité,
De compréhension, d'action, d'amitié.
Parce-que sans doute ne suis-je pas née à la bonne époque,
Ou alors pas sur la bonne planète ou le bon univers,
Parce-que mes larmes valent mieux que mes mots pour
décrire mon mal de Terre.

« C.A.L.L »

Apeurés

16/11/2015

Voyez-vous, cette petite voix.
Cette petite voix sombre tapie au fond des esprits,
Cette voix qui surgit quand on déprime ou qu'on boit,
Quand on s'oublie, tout seul, à la seule lumière d'une
bougie.
Cette petite voix gigantesque qui hurle comme un fantôme,
Qui vous murmure des conneries, qui vous juge comme un
grincheux vieil homme.

C'est cette voix prenant l'apparence du « vous » parfait dont
vous rêvez,
Qui vous méprise et vous blesse, qui sait toujours là où
frapper,
Cette voix je connais son nom depuis quelque temps,
Cette voix qui vous harcèle du matin au soir, et la nuit tout
encore,
Qui vous harcèle, oui, de questions, d'inquiétudes et de
remords,
Qui vous achève à chaque coup, pour certains s'en suivent
même la mort.
Je connais son nom, elle a une identité,
Elle porte l'un de mes prénoms, elle est noire, grande,
C'est une ombre aux grands yeux blancs et vides,
impossibles à déchiffrer,
Elle vous suit, de votre lit au travail, au métro, au lit,

Vous l'aurez peut-être compris,
Je parle de Carolyn Anxiety.

Elle n'est pas farouche non plus, sa meilleure copine.
Toute vêtue de noir, elle vient toquer à votre porte quand
vous crachez votre âme par les yeux et la gorge,
Quand vous lui ouvrez, elle ouvre grand ses bras, vous
enlace, tente d'éloigner Carolyn,
Et elle reste avec vous, prend une seringue et vous shoote
au manque d'ocytocine.

Drôle de comble, elle finit par vous accompagner à
longueur de temps.
Elle ne vous abandonne plus jamais.
Elle essuie vos larmes quand vous pleurez et vous console
constamment,
Elle vous accompagne dans vos balades solitaires
désormais,
Vous prend sous son aile quand elle sent que ça ne va pas,
Elle devient votre seule amie, votre seul amour,
Elle est votre plus fidèle disciple que personne n'a jamais
été,
Elle est votre camarade de tous les jours,
À chaque instant, quoi qu'il arrive, elle sera là, prête à vous
aider,
À vous aimer, vous câliner et vous consoler,
Elle est la seule personne que vous voulez voir quand vous
êtes en pleine détresse,
Vous l'aurez sans doute deviné, je parle de Lily Loneliness.

Si détestables, et je ne peux me passer d'elles,

Que serait donc ma vie sans ces deux ailes ?
Ces béquilles qui paradoxalement me rendent handicapée,
Handicapée de la vie, du bonheur, de mon passé.

Oh, et que ferais-je pour n'avoir point dit ces mots ?
Que je relis ce soir, maintenant que tu m'as tourné le dos.
Ces phrases horribles qui me faisaient te prendre de haut,
Complexée d'abandon, je suis devenue ton fléau.

Je n'attends plus ton message,
Maintenant qu'on m'a délaissée.
La pluie est devenue orage
Et je comprends pourquoi personne n'est venu me relever.

Je n'attends plus ton message,
Maintenant que je suis décédée.
La pluie est devenue orage,
Et j'ai compris pourquoi personne ne vient me ressusciter.

Je n'attends plus ton message,
Je n'ose même pas te demander pardon,
J'ai toujours peur de l'orage
Mais je dois accepter l'abandon.

Je n'attends plus ton message,
Je n'attends plus tes excuses ni tes déclarations.
Je n'attends plus le soleil ni l'expulsion de ta rage,
Je n'attends plus de toi qu'on ait de belles discussions.

Je n'attends plus ton message
Et je ne t'en veux plus désormais,

C'est pas de ta faute, c'est celle de l'orage,
De l'hiver, de ma paranoïa et de la fatalité.

J'ai compris pourquoi Carolyn et Lily sont mes seules
amies,
Je suis aussi laide et répugnante qu'elles,
Je suis un monstre moi aussi, une bête féroce qui ne se
contrôle plus,
Qui grogne et qui mord malgré elle, dès que l'on l'a déçue.

Ah, je suis lasse à nouveau, on dit que je ne suis « pas
sérieuse »,
Je le suis trop, au contraire, car beaucoup trop anxieuse,
Alors je me perds à nouveau dans les méandres de l'ennui,
Fatiguée de la réalité et du monde, je m'oublie.

À nouveau, je veux dormir à longueur de temps,
Oublier quelle catastrophe ambulante je suis,
Oublier que ma vie n'est qu'une voiture à laquelle je suis au
volant,
Que je ne contrôle pas, qui me fait faire bien des accidents,
Oublier que le monde entier va encore plus mal que moi et
je souffre avec lui,
Oublier que je ne sais même plus ce que je fais et pourquoi,
qui je suis,
Oublier que l'hiver arrive et qu'il fait froid,
Oublier que Lily et Carolyn sont toujours avec moi,
Oublier que je n'ai rien à perdre si ce n'est que ma vie,
Qui peut s'envoler, comme ça, en claquant des doigts,
Oublier que je ne profite pas, je survis.

Alors cette année encore je vous demande poliment
Comment cela pourrait-il être pire ?
Je vous demande encore violemment :
Laissez-moi dormir.

« Euphorie »
Apeurés

01/12/2015

Dans une maison délabrée,
Chaleureuse, un peu trop décorée,
Elles s'éloignent, Lily et Carolyn,
Pour une fois enfin, elles me laissent tranquille.

Observant les alentours, comptant les innombrables
horloges,
Je cherche mon rôle, comme toujours, installée dans ma
loge ;
Et perdue dans une éternelle inspiration
Je me laisse m'emporter dans mon imagination.

L'odeur du feu et la chaleur qui m'enflamme,
Les cendres dans mes cheveux, mon petit corps de femme,
La Grande Ourse dans le ciel, le sourire sur mes lèvres,
Un bonheur m'envahit jusqu'à m'en rendre mièvre.

Couramment anxieuse jusqu'aux os
Je nage désormais dans une meilleure eau,
Plus claire, et d'un plus bas niveau,
Mais sans doute que je m'enthousiasme un peu trop.

« Morte de voir »

Apeurés

Je suis morte de voir que s'effacent avec le temps
Les caresses, l'affection, la présence des gens,
D'assister chaque fois à ta mort
Qui a fait de toi cet être arrogant et méprisant.

Je suis morte de toutes ces fois où l'on m'a menti,
Où je me suis retrouvée au bord du malaise, sans une seule
compagnie,
Je suis morte d'entendre tous ces gens dire qu'ils m'aiment,
Ces prétendus « amis » qui n'lisent même pas mes poèmes.

Je suis morte d'être sans cesse délaissée et trahie,
Abandonnée sans même une gamelle sur la route de la vie,
Comme pour seul nouveau maître : Loneliness Lily.

Je suis morte de mon cerveau qui surchauffe,
De mes idées qui se chevauchent,
De ma peur de tout, de tout le monde et de l'abandon,
De mes réflexions, mes existentielles questions,
De mon anxiété native, de mes auto-contradictions,
De ma propre pensée qui me fait mutilation.

Le bouton « off » du système est le sommeil
Voilà pourquoi je veux sans cesse mettre fin à mon éveil,
Même si les cauchemars, parfois, remettent le tout en veille.

« Deux et Un font Cinq »
LE BERET

26/12/2015

Deux et un font cinq,
Tous les menteurs trinquent
Pendant que nous les écoutons
Depuis chez nous, avec attention.

Quatre et cinq font dix,
Les pauvres français croupissent
Sous un tonnerre de contre-information
Pour retarder au plus la libération.

Un et quatre font trois,
Il ne faut pas qu'on nous voit,
Sinon, à nous la censure
Nos oppresseurs, à nous, le cirage de leurs chaussures.

Huit et sept font un,
Nous ne mentirons point
Élevez donc votre voix :
Deux et un font trois.

« Déchirés »
LE BERET

??/12/2015

Des miettes de nous
Comme cette affiche arrachée,
Je ramasse des petits bouts
De notre ancienne amitié.

Un morceau de souvenir,
Un autre imaginé :
Je déclare, dans un soupir
Que je suis attristée.

Un coup de feu dans mon cœur,
La guerre dans mes pensées ;
La naissance de la peur
Dans notre troupe, autrefois soudée.

Un voyage dans mon utopie,
Je pleure mes aspirations ;
Je pleure le départ de mes amis :
La paix sera ma seule consolation.

« Le Mot »

Apeurés

26/12/2015

J'ai écrit un mot
Sur un papier déchiré,
Je t'ai mis sur le dos
Ma peine bien méritée.

Je suis envahie de fardeaux,
Je ne sais les éviter
Je ne t'ai pas fait de cadeau,
Tu m'en vois désolée.

J'ai écrit ce mot
Dans le coin d'une page d'un cahier
Je l'ai glissé dans ton sac à dos
Pour que ce soit discret.

Sur le mot on peut lire
« Tout est terminé »
Je n'ai plus rien à te dire
J'ai fini de parler.

J'attendais ton message,
C'est moi qui l'ai envoyé.
Je deviendrai plus sage
Quand tu l'auras supprimé.

Tu es mort, de toute façon
Et je pleure sur ta tombe.
Ton fantôme, ta malédiction
N'a qu'à vivre en évitant mes bombes.

Désormais que je suis réellement remplacée,
Je peux salement me rappeler
Que l'on peut me laisser m'envoler,
Que l'on peut me laisser m'écrouler,
Que l'on peut m'oublier,
Que l'on peut m'effacer
Sans se faire arrêter
Par la grande police des personnes délaissées.

Alors j'ai écrit ce mot
Pour me faire pardonner
Je ne serai plus sur ton dos
Car je suis désolée.

« Lettre à Benjamin »
LE BERET

09/01/2016

Ma France, ne sois pas fâchée,
Mes amis ont ôté leur béret
Ils veulent rendre hommage à nos défunts,
Vous nous manquez, Georges, Benjamin.

Ma France, pardon d'avoir abandonné,
Mais les coups de feu, les pistolets
Nous ont effrayé,
Ont fait fuir mes camarades regrettés.

Mon bien-aimé, est-ce que tu m'entends ?
Sommes-nous hors de danger, maintenant ?
Cela fait bien trop longtemps que j'attends
Le retour de la paix, symbolique, triomphant.

Alors je te dis ce soir, bien-aimé,
Je te dis « au revoir », sur un morceau de papier
Je te dis, un peu tard, que je suis désolée.

« Mon Béret »
LE BERET

??/01/2016

Je sais que les temps ont changé
Mais jamais nous ne cesserons de résister ;
Compagnons, effaçons le passé
Mais conservons les leçons que nous devons tirer.

Camarades, il est temps de tout recommencer :
En tout cas, moi, j'ai déjà remit mon béret.

« Revenues »

Apeurés

09/01/2016

Mes larmes coulent à nouveau,
Une fois encore, je suis déçue,
J'engage une bataille contre mon cerveau :
Lily et Carolyn sont revenues.

« Le Bûcher »

Apeurés

11/01/2016

Quoi que je fasse résonne le murmure d'un feu crépitant
dans mon esprit,
Un grand feu pyramidal un beau soir de juillet qui ressort
dans la nuit,
Avec une odeur de friture dans l'air et un orchestre un peu
pourri
Jusqu'à ce que tu t'en ailles, avant le feu d'artifice de minuit.

Je ne sors plus de ma tête ton image devant cette tour de
bois,
Qui brûlait comme ma poitrine aujourd'hui quand je te vois.
On s'est perdus de vue depuis et j'ai peur de te déranger à
chaque fois
Que je suis perdue et seule et brisée et que je viens pleurer
chez toi
À pas d'heure, des soirs comme celui-là
Où je te revois éclairé par le feu, m'ouvrant grand tes bras,
Quand tu m'as prise à part juste pour me dire « au revoir »,
Que j'ai pu passer mes poignets derrière ta nuque en me
demandant « est-ce donc bien réel, tout cela ? »
Et quand tu es finalement parti je me suis faite charrier, tes
amis se sont moqués de moi.

Orange comme le feu ou comme ta chemise cette nuit-là,
Blanc comme les étoiles et les constellations que je ne

voyais pas,
Rose comme le sucre des barbapapas,
Noir comme mes yeux maquillés « charbon », sans une
goutte de mascara,
Rouge comme mon cœur dans ma cage thoracique qui
pompe mon sang
Bleu marine comme l'infini crépuscule qui formait comme
un drap
Au dessus de nous pendant que je devinais que je finirais
forcément
Un jour ou l'autre, par tomber amoureuse de toi.

« Orange »

Apeurés

16/01/2016

Elle me rappelle la pulpe des clémentines qui claque sur ma
langue,
Qui délivre un goût sucré d'hiver, en décembre,
Quand je lève la tête pour regarder les étoiles, et que je
tangue,
Quand je rêvasse en regardant par la fenêtre de ma
chambre.

Elle me rappelle la flamme géante ce 5 juillet,
La couleur de ta chemise ce même soir d'été,
Le feu de camp pendant la semaine du centre aéré,
Quand je suis tombée amoureuse du Fantôme égaré.

Elle me rappelle la peinture sur ton visage
Lors d'un spectacle « extravagant »,
Et la chaleur des torches comme éclairage
À cette première Fenêtre de l'Avent.

Elle me rappelle les carapaces de crabes échouées
Que je ramassais en marchant pieds nus sur la plage,
La couverture de mon « carnet à idées »
Dont je ne cesse de noircir les pages.

Elle me rappelle la peinture sur mes pinceaux ce soir,
Éclairée par une bougie, je peins presque dans le noir,

Elle me rappelle nombreux souvenirs, nuances et mélanges,
Elle m'évoque tout un tas de choses, la couleur orange.

« Être enfin prise au sérieux »

Apeurés

29/01/2016

Papa, maman,
Aujourd'hui j'ai 3 ans.
Je découvre la vie en collectivité
Et je suis fascinée,
J'observe mes nouvelles possibilités,
Je regarde la petite cabane dans la cour, que j'ai déjà
repérée.

Papa, maman,
Aujourd'hui j'ai 4 ans.
Je n'comprends pas la vie en collectivité
Et je suis larguée,
Mes possibilités, je les observe s'éloigner,
Les autres ne m'aiment pas, ils m'ont déjà prit mes jouets.

Papa, maman,
Aujourd'hui j'ai 5 ans.
Je la trouve injuste, la vie en collectivité
Et je suis déjà en train de pleurer,
La Solitude commence à m'accompagner,
Les autres ne m'aiment pas, la petite cabane, ils ne m'ont
pas laissée rentrer.

Papa, maman,
Aujourd'hui j'ai 6 ans.

Le temps passe vite, j'entre déjà au CP
Et je ne suis toujours pas acceptée,
Mes copines ne cessent de se moquer,
Paraît-il, je souffre d'« hypersensibilité ».

Papa, maman,
Aujourd'hui j'ai 7 ans.
Je me retrouve souvent seule, délaissée
Et quand ça arrive, je me fais taper,
Les maîtresses ne m'écoutent pas quand je vais rapporter,
« Va jouer plus loin, elles arrêteront de t'embêter ».

Papa, maman,
Aujourd'hui j'ai 8 ans.
Je fais signer des pétitions à la récré,
La planète, je veux la protéger,
Je supplie le monde entier
D'arrêter de polluer.

Papa, maman,
Aujourd'hui j'ai 9 ans.
Les autres se moquent encore de mes utopies peu cachées
Je suis toujours incompréhensive du monde qui m'a
toujours entourée,
C'est injuste, injuste, injuste, je ne faisais que rêver,
C'est trop injuste, mes envies et mon ego sont froissés.

Papa, maman,
Aujourd'hui j'ai 10 ans.
J'ai la boule au ventre en allant à l'école, la nausée
Quand j'arrive, ça commence, de chaque côté, je me fais

insulter,
À la récré, je suis encerclée et je panique sous des injures et
des coups de pieds,
Ils rient, me détruisent puis m'accusent, « Maîtresse, ce
n'est pas de ma faute, je vous le promet ».

Papa, maman,
Aujourd'hui j'ai 11 ans.
Je vais un peu mieux mais je suis perdue et blessée
Angoissée, seule, rêveuse et traumatisée,
Créative, incomprise, écrivain et pas assez rassurée,
Le H de « haine » sur mon avant-bras à jamais gravé.

Papa, maman,
Aujourd'hui j'ai 12 ans.
Une semaine loin d'ici je me sens, pour la première fois,
acceptée
Mais de retour en France mes camarades s'en vont un à un,
me laissant paniquer,
Je descends bien vite dans un état déplorable, mon sang se
mêle trop souvent à mes larmes salées,
L'Angoisse devient des crises ; la Solitude, des vertiges qui
me font suer.

Papa, maman,
Aujourd'hui j'ai 13 ans.
Je remonte la pente tout doucement en essayant de
cicatriser
Je suis nostalgique et amoureuse et seule face à mes espoirs
brisés,
Je crois commencer à trouver qui je suis, la musique qui me

plaît,
Je suis toujours trop sensible et anxieuse et rêveuse pour
être heureuse dans ce monde de tarés.

Papa, maman,
Aujourd'hui j'ai 14 ans.
J'aime le bûcher, le centre aéré, juillet,
J'aime août mais mon seul ami me laisse à la fin de l'été,
Je deviens lasse et plus seule que jamais, dans cet hiver où
je me sens trahie et abandonnée,
J'attends son message, je suis vide à l'intérieur, ces 6 mois
sont les plus longs que j'ai jamais passé.

Papa, maman,
Aujourd'hui j'ai 15 ans.
Je renais peu à peu mais je suis toujours choquée
Par l'incohérence du monde, de ma vie et de l'humanité,
Je veux savoir ce qui ne tourne pas rond chez moi,
comprendre mon passé,
Je veux être examinée, qu'on analyse mes pensées.

Papa, maman,
Vous savez.. j'ai bientôt 16 ans.
Je suis étrangement optimiste mais gavée de regrets
Je suis toujours anxieuse et seule et tourmentée,
Toujours aussi écrivain mais je n'ai jamais autant rêvé,
Papa, maman, j'aurais aimé grandir normalement.

« La Poète »

Apeurés

29/01/2016

La Poète a deux amies, elle les a nommées
Lily pour la Solitude, Carolyn pour l'Anxiété,
La Poète, ses deux amies, elle veut s'en débarrasser,
Mais elle ne peut pas s'en passer.

La Poète est un enfant
Aux grandes et trop sages pensées,
La Poète, elle est coincée
Dans son corps adolescent.

La Poète, elle ressasse et regrette amèrement,
Ses erreurs, ses défaites, son passée,
La Poète se déteste et ne peut être acceptée telle qu'elle est,
La Poète écrit ces vers, un soir, mélancoliquement.

La Poète est narcissique, elle n'écrit qu'à son sujet,
N'approche pas la Poète, vraiment,
Elle risque de te briser le cœur si tu oses l'aimer
Ne serait-ce qu'un instant.

« Flashback »

Apeurés

01/02/2016

Je ressens encore ces caresses sur ma peau
Qui aujourd'hui sonnent si faux
Comme des mensonges,
Des frissons dont j'ai mal profité,
Qui resurgissent dans mes songes.

Au son de ces notes je ressens encore
Le froid qui engourdit mon visage,
Le vent qui passe au travers de mon écharpe et me gèle le
cou,
Ma colère et ma peur obsessionnelle que je vois aujourd'hui
comme des torts,
Non, là-dessus, je ne « tournerai » pas « la page ».
Je peux toujours sentir cette impression de glace qui me
gèle les joues,
Mes yeux brûlants, touts remplis de larmes et irrités,
Mes doigts si frigorifiés qu'ils en sont douloureux,
Ma bouche sèche, amère, à l'image des mots que je t'avais
débité
Parce-qu'à l'époque je te trouvais égoïste et vaniteux.

Quelques mois plus tôt, une chaleur dangereusement
humaine m'anime,
Me fait danser en juillet sans honte, sans regrets, sur des
musiques absurdes, pour déconner,

Je n'ai jamais déclaré ma flamme mais celle-ci m'avait fait oublier la vie qui m'abîme ;
Les cendres encore chaudes, les étincelles qui passaient sous mes yeux
Pendant que je me demandais pourquoi il me faisait cet effet, ce type, assis à ma gauche,
Qui jouait avec une canette de thé glacé vide en riant, pourquoi je le sentais si chaleureux.
Je revois la façon dont nous étions tous habillés, moi avec un sac pour pas grand-chose parce-que ne n'avais pas de poches,
Je me souviens, c'était l'époque où mes yeux étaient maquillés plus sombre encore que mon passé.
Ce grand feu crépitant, ce type qui dégageait comme une aura de bienveillance,
Je me disais : « merde, mais.. avec lui, je devrais être en sécurité »,
Et dès qu'il me regardait je n'arrivais pas à baisser le regard, ça débordait de non-sens,
Pas du genre « coup de foudre » j'étais pas loin d'être frappée,
Pas amoureuse, mais comme curieuse, que c'était étrange !
Quoi qu'il en soit c'est cette soirée que m'inspire la couleur orange.

Quelques années en arrière, cette fois. Cinq, bientôt six.
Ce souvenir est quotidien, il ne se passe pas un jour depuis
Qu'il est passé, sans qu'il ne me traverse l'esprit.
Pour vous, comme un crachat à l'encre, le voilà qui resurgit :
Vous revoyez-vous donc enfants, chers amis ?

Bien. Imaginez, il est 7h50, la cloche de l'école va bientôt sonner,
Le guidon de votre vélo en main, voilà que vous vous apprêtez
Dans la cour de récréation, à rentrer.
Plus de la grille vous vous approchez, et plus votre guidon, vous le serrez,
Ça vous fait carrément mal aux doigts.
Et rien qu'à cet instant, vous souffrez, déjà :
Voilà que vous avez des crampes d'estomac.
Sur votre abdomen vous essayez d'appuyer
Pour retenir votre nausée :
Au fil que vous avancez, vous vous faites, de part-et-d'autre, insulter.
Les index se lèvent contre vous comme des accusations :
Vous vous sentez menacé.
Elle est en état d'alerte, votre attention :
Ça, c'est sûr, vous n'êtes pas en sécurité.
Vous avancez.. vous avancez...
Ça y est, la cloche se met enfin à sonner.
Devoir d'arts-plastiques : vous pouvez, à votre guise, vous lever et vous déplacer,
En passant, un élève, vous regarde droit dans les yeux et passe son index révélateur sous son cou
Alors vous restez là, sans rien faire, sans rien dire, vous essayez d'oublier.
Devoir d'histoire, vous voulez vous concentrer :
Vous voulez avoir une bonne note, mais vous n'avez pas révisé :
La nuit de la veille toute entière, vous l'avez passée à pleurer.

Dans votre interrogation, sans relâche, vous essayez de vous plonger,

Mais toujours en état d'alerte, chaque son insignifiant dans la salle, vous le remarquez :

Les « clics » des stylos, les tricheurs qui chuchotent, les mouvements de papier

« Bouh ! », un murmure par dessus votre épaule vient vous effrayer :

Des menaces et des jugements malsains viennent vous tourmenter,

Votre crayon, vous le faites craquer ; et en larmes, vous vous effondrez.

La maîtresse le remarque, vous ouvre la porte, sous les regards méprisants, vous sortez.

La cloche sonne à nouveau : c'est la récré.

Le moment préféré de tous les enfants, vous le redoutez.

Pour oublier votre souffrance, vous vous pincez la peau des poignets

En essayant en vain, votre respiration, de la contrôler.

Sur le macadam votre premier pas est posé

Et secrètement, tout au fond de vous, vous espérez

Naïvement qu'avec un peu de chance, cette fois, rien ne va se passer.

Ce dernier espoir en tête, vous faites comme si de rien n'était

Mais très rapidement, trop rapidement, vous voilà encerclé :

Vulnérable, votre visage, de vos paumes vous le cachez,

Le blanc de leurs yeux, vous les évitez,

Vous savez, le regard de ceux en train de vous agresser,

Vous ne voulez le croiser,

Le regard des 5 ou 6 garçons avec l'unique fille, qui sont

bien décidés
À vous faire suer, vous faire payer, vous faire diminuer.
En bouchant vos oreilles pour vous protéger en vain de
leurs reproches, leurs moqueries et leurs insultes périmées,
En vous balançant d'avant en arrière, plaqué contre le mur
derrière vous, comme pour vous rassurer,
De vos yeux pleins de larmes, vous fixez leurs pieds :
L'agresseur en tête, en face de vous, sur ses Converse a
dessiné
Au stylo à bille, des smileys.
« Quelle ironie », vous pensez,
« C'est sûr qu'ils ont toutes les raisons de sourire, eux qui ne
sont pas victimisés ».
On arrache vos paumes de votre tête et dans vos oreilles on
se met à hurler
Que vous devez arrêter : il faut écouter.
Vous n'êtes pas une bonne personne, dégueulasse, vous êtes
débile et laid,
Trop sensible, trop ceci, et cela, pas assez,
Sans attraits.
Des gifles se perdent sur vous joues humidifiées,
Sur vos tibias et vos genoux aterissent des coups de pieds,
Heureusement, la douleur, c'est à peine si encore vous la
sentez :
Vous, autrefois douillet, par la tristesse êtes comme
anesthésié.
Vos parents ? Oh ! Ils n'en savent rien, vous ne voulez les
inquiéter.
L'institutrice ? Oh ! « Va jouer plus loin, ils arrêteront de
t'embêter ».

Mes chers amis, c'est ainsi que ça s'est passé,
Bien sûr, tout cela est bien abrégé,
Peut-être désormais comprendrez-vous mieux mon
désarroi :
Ils me font mal : ils rient, pas moi.
Heureusement d'autres souvenirs plus doux surgissent et je
souris,
Chers amis, à bientôt, pour d'autres fragments de ma vie.

« Pardon »

Apeurés

06/02/2016

Pardon.
Pardon de tout gâcher à chaque fois.
Pardon pour mes illusions.
Pardon d'être comme ça.

Pardon.
Pardon d'être un catastrophe.
Pardon d'avoir trop d'imagination.
Pardon pour ces strophes.

Pardon.
Pardon d'être pessimiste.
Pardon pour mes aspirations.
Pardon d'être si défaitiste.

Pardon.
Pardon d'être aussi sensible.
Pardon, guérissons.
Pardon, je fais mon possible.

Je ne veux pas te perdre, toi aussi
Comme tous mes autres vieux « amis »,
Parce-que je t'aurai poussé à bout et démoli
Jusqu'à ce que tu me laisses, pour ne plus avoir à faire à
mes ennuis.

Je ne veux pas que ça arrive comme avec les autres,
vraiment.
Pas toi. Jamais. Surtout pas. Sincèrement,
Je ne sais pas, je ne sais jamais
Si je vaux encore le coup de m'excuser.

« Accusé de Réception »
Apeurés

09/02/2016

Un fantôme quitte
Mon âme de poète,
Maintenant que nous sommes quittes
Je peux soigner ma tête.

J'ai reçu ton message,
Je n'y croyais plus.
Me voilà beaucoup plus sage
Maintenant que je l'ai lu.

J'ai reçu ton message
Et j'avoue qu'il m'a plu,
Des excuses simples, sans ménage,
Un « merci » auquel je n'aurais jamais cru.

Oh, je suis toujours désolée,
Je reste une catastrophe, un boulet,
Pourquoi faire simple quand on peut faire compliqué ?
J'étais si obsédée par l'idée que je suis décalée
Que je n'avais même pas compris que, simplement, tu me
manquais.

J'ai reçu ton message,
Et je peux m'envoler,
L'ouragan a fait fuir l'orage

Et je suis un peu rassurée.

J'ai reçu ton message,
Je me suis bien écroulée,
L'ouragan a fait fuir l'orage
Et je peux toujours me rattraper.

J'ai reçu ton message,
Et je vais m'oublier,
L'ouragan a fait fuir l'orage
Mes fautes, je tâcherai de m'en rappeler.

J'ai reçu ton message,
Les peines sont effacées,
L'ouragan a fait fuir l'orage
Je n'ai plus qu'à me redessiner.

J'ai reçu ton message,
Et je peux m'écrier
Que l'ouragan a fait fuir l'orage,
Je sais chez qui me consoler.

J'ai reçu ton message,
Plus besoin de hurler,
Oui, la pluie est devenue orage,
Mais au moins, j'ai compris pourquoi on m'a abandonnée.

Oh, j'ai reçu ton message.. !
J'avoue, ça m'a touchée,
L'ouragan a fait fuir l'orage
Et, toute seule, je me suis sauvée.

Oh, j'ai reçu ton message..
Laisse-moi m'exprimer :
L'ouragan a fait fuir l'orage,
L'ouragan m'a sauvée.

Fantôme, nous sommes quittes.
Je peux soigner ma tête,
Mon âme de poète,
Je peux passer à la suite.